Claudia Schumann

Glasperlenschmuck im Fransenlook

www.Creanon.de

<u>Impressum:</u>

Claudia Schumann
18196 Dummerstorf, Germany
http://www.Creanon.de
Info@Creanon.de

Fotos: Heiko Radermacher; www.Creanon.de
Claudia Schumann; www.Creanon.de
Layout: Petra Schaberger; www.slk-mediendesgin.de
Claudia Schumann; www.Creanon.de
Lektorat: Margitta Lippmann; www.Beadreaming.com
Dagmar Röder; Sanitz
3D Visualisierung: Claudia Schumann; www.Creanon.de

Gedruckt in Deutschland

ISBN: 978-3-9809698-8-8
2. Auflage 2010

Inhalt

Herzlich Willkommen!

Inspiriert durch eine umperlte Perle mit vielen Fransen (siehe auch die Kugelkette auf Seite 38) kamen mir immer mehr Ideen, welche Formen und Schmuckstücke noch aus Perlenfransen gefädelt werden können und so entstand dieses Buch.

Die Grundtechnik ist, wie so oft, ganz einfach: Zuerst wird eine Basis geperlt, an der dann die Perlenfransen angefädelt werden. Hier sind vielfache Kombinationen möglich: unterschiedliche Fransenlängen, verschiedene Basisformen und natürlich Farbvariationen. In diesem Buch gebe ich ein paar Vorschläge, aber wie immer beim Arbeiten mit Perlen kreiert die eigene Phantasie die schönsten Schmuckstücke.

Sollten Fragen auftauchen, so stehe ich gern zur Verfügung.
Meine Emailadresse: ClaudiaSchumann@Creanon.de
Ich würde mich auch sehr über Bilder Ihrer Schmuckstücke freuen.

Fröhliches Perlen!

Grundsätzliches

Zuerst einige grundsätzlich wichtige Erklärungen:

- Als Faden wurde Nymo der Stärke 0 oder D in passender Farbe, mit Fadenwachs gewachst, verwendet.
- Die Fransenlängen sind ohne Wendeperle angegeben.
- Alle Mengenangaben sind aufgrund unterschiedlicher Armbandlängen nur Richtwerte und beziehen sich auf die angegebene Länge ohne Verschluss.

Die Grundanleitungen befinden sich am Ende des Buches auf den Seiten 42 - 47.

Grüne Raupe

Material

Miyuki Delica 11/0:

#274	Light Kelly Green; 11 Gramm
#1206	Crisp Green Apple; 9 Gramm
#046	Kelly Green; 7 Gramm
#828	Light Mint Satin; 9 Gramm
#767	Emerald Green; 8 Gramm

Verschluss: Magnetverschluss, 1 cm breit

Tipp

Die Anleitung für einen passenden Ring befindet sich auf Seite 36.

Arbeitsweise

Basis

Ein 10 Perlen breites, einfaches Peyoteband in gewünschter Armbandlänge (hier 16 cm) mit dem Muster von Seite 48.

Fransen

An die ersten und die letzten acht Reihen werden keine Fransen angefädelt, um den Verschluss besser annähen zu können.

Die verschiedenen Fransenlängen sind im Muster auf Seite 48 angegeben, die mittleren Fransen sind bei diesem Armband kürzer als die äußeren.

Kupferquader

Material

Miyuki Delica 11/0:
#604 Dark Grey-Green; 7 Gramm
#040 Bright Copper; 8 Gramm
#340 Copper plated; 1 Gramm
Anhängerbroschennadel (Broschennadel mit Bandösen)

Arbeitsweise

Basis
Die Basis wird nach dem Muster auf Seite 48 gefädelt (Größe: 4,5 x 4,5 cm). Die dort schwarz dargestellten Perlen werden ebenfalls in grün gefädelt (Die Darstellung dieser Perlen in schwarz beruht auf den Fransen, siehe unten).

Fransen
Alle Fransen sind 3 Perlen lang.
An die im Muster schwarz dargestellten Perlen werden keine Fransen angefädelt. Ohne diese Lücke (die im fertigen Quader nicht mehr zu sehen ist) würde sich das Schmuckstück wölben; mit Auslassen der Perlenfransen bleibt der Quader schön flach.
Dieser Effekt könnte auch erzielt werden, indem man die Basis mit 10/0 Delicas perlt und dann alle Fransen ohne Ausnahme mit 11/0 Delicas fädelt.

Fertigstellung
Die Anhängerbroschennadel wird angenäht oder -geklebt.

Tipp

Durch die spezielle Broschennadel kann der Kupferquader sowohl als Brosche als auch als Anhänger getragen werden!

Seeanemone

Material

Miyuki Saatperlen 11/0:

#420	White; 8 Gramm
#1344	Purple; 6 Gramm
#018	Blue Topaz; 7 Gramm
#022	Pink; 5 Gramm

Miyuki Saatperlen 15/0:

#131	Clear; 6 Stück

Swarovski Simplicity 4,5 mm crystal; 6 Stück
Verschluss: Karabinerhaken 10 mm silber; Spaltring 5 mm silber

Arbeitsweise

Basis

Ein 14 Perlen breites, einfaches Peyoteband mit dem Muster von Seite 49. Für eine Armbandlänge von 15 cm ohne Verschluss wird das Muster 6 Mal wiederholt.
Das Band wird von der Mitte aus gefädelt und dabei an den Enden jeweils die erste Perle der Reihe ausgelassen, so dass das Band an den Enden spitz zuläuft.

Fransen

Die lilafarbenen Fransen sind 3 Perlen, die hellblauen Fransen 8 Perlen und die rosafarbenen Fransen sind 11 Perlen lang.

Verzierung

In die Mitte jedes Fransenbüschels wird jeweils eine Swarovski Simplicity Perle mit Hilfe der transparenten 15/0 Perlen angefädelt.

Tipp

Statt der Simplicity Perlen von Swarovski können natürlich auch andere Perlen verwendet werden!

Blaue Zacken

Material

Miyuki Delica 11/0:

#635	White satin; 1 Gramm
#240	Pastel periwinkle; 10 Gramm
#277	Purplish blue; 19 Gramm
#010	Black; 8 Gramm

Verschluss: Schiebeverschluss, 26 mm mit Magnet

Arbeitsweise

<u>Basis</u>
Ein 16 Perlen breites, einfaches Peyoteband mit dem Muster von Seite 49, hier ist es 26 cm lang.

<u>Fransen</u>
Die schwarzen Fransen sind 6, die dunkelblauen Fransen 4 und die hellblauen Fransen 2 Perlen lang. An die weißen Perlen werden keine Fransen gefädelt.

Tipp

Vorsicht bei den Satinperlen, sie sind viel zerbrechlicher als andere Sorten!

Kunterbunte Tupfen

Material

Miyuki Delica 10/0:
#010 Black; 12 Gramm
Reste aus verschiedenen 11/0 Delica Perlen mit Silbereinzug
Verschluss: Schiebeverschluss, 22 mm mit Magnet

Arbeitsweise

Basis
Ein 12 Perlen breites, einfaches Peyoteband mit dem Muster von Seite 50 aus 10/0 Delica Perlen; hier 25,5 cm lang.

Fransen
Alle Fransen werden aus 11/0 Delica gearbeitet. Die schwarzen Fransen sind 2 Perlen, die bunten jeweils 4 Perlen lang.

Tigerkatze

Material

Miyuki Rocailles 11/0:

#003	Gold; 10 Gramm
#005	Dark Topaz; 13 Gramm
#021	Smokey Grey; 11 Gramm
#401	Black; 25 Gramm

Verschluss: Bandenden 24 mm mit Karabinerhakenverschluss

Arbeitsweise

<u>Basis</u>
Ein 18 Perlen breites, hier 26,5 cm langes, einfaches Peyoteband mit dem Muster von Seite 52.
Die ersten und letzten <u>16 Reihen</u> werden ohne Muster in schwarz gefädelt.

<u>Fransen</u>
Alle Fransen sind 4 Perlen lang.
An die ersten und letzten 16 Reihen aus schwarzen Perlen werden keine Fransen gefädelt.

<u>Fertigstellung</u>
Die Bandenden werden angeklebt.

Tipp

Wird das Armband wie hier komplett aus 11/0 Rocailles gefädelt, wölbt es sich sehr stark. Wird die Basis aus größeren (z.B. 10/0) und die Fransen aus kleineren (z.B. 11/0) Perlen gefädelt, liegt es flacher.

Schlicht & Elegant

Material

Miyuki Delica 10/0:
#001 Hematite; 10 Gramm
#041 Crystal
Miyuki Delica 11/0:
#041 Crystal
Verschluss: Bandenden 24 mm mit Karabinerhakenverschluss

Tipp

Dieses Armband lädt zu Farbexperimenten ein!

Arbeitsweise

Basis
Ein 14 Perlen breites, hier 15 cm langes, einfaches Peyoteband aus den hematitfarbenen Perlen.

Fransen
Wie im Muster auf Seite 51 angegeben, werden die Fransen als Streifen angefädelt. Die grauen Fransen sind aus 11/0 Delica Perlen und 3 Perlen lang gefädelt, die weißen sind aus 10/0 Delica Perlen und 4 Perlen lang gefädelt.
An die ersten und letzten 4 Reihen keine Fransen anfädeln, damit der Verschluss vorsichtig angeklemmt und verklebt werden kann.

Fertigstellung
Die Bandenden werden angeklebt.

Flippige Blümchen

Material

Miyuki Saatperlen 11/0:
#422 Yellow; 34 Gramm
#423 Pumpkin orange; 36 Gramm
7 Blümchenperlen aus Metall, ca. 7 mm Durchmesser
Verschluss: Bandende 24 mm mit Druckknopfverschluss

Arbeitsweise

Basis
Ein 16 Perlen breites, hier 25,5 cm langes, zweifaches Peyote Band (siehe Seite 44) aus den orangefarbenen Perlen.

Fransen
Die Fransen werden nur am Rand angefädelt, die Mitte bleibt frei (siehe Muster auf Seite 51).
Damit der Faden nicht immer durch die Armbandmitte gefädelt werden muss, wird zuerst eine Seite gefädelt, dann die andere.

Fertigstellung
In der fransenlosen Mitte werden zum Schluss die Blümchenperlen angenäht und die Bandenden angeklebt.

Tipp

Gestaltungstipp für ein Meeresarmband: Ein blaues Peyoteband, grüne und türkisfarbene Fransen, sowie Fischperlen in der Mitte.

Tausendfüßler

Material

Miyuki Delica 10/0:
#044 Blue topaz; 10 Gramm
#145 Yellow; 10 Gramm
#150 Brown; 10 Gramm
Miyuki Delica 11/0:
#048 Pewter; je 5 Gramm

Arbeitsweise

Basis
Für jede Farbe ein 6 Perlen breites, einfaches Peyoteband, welches ohne Verschluss zur Runde geschlossen wird.

Fransen
Die Fransen aus den 11/0 Delica Perlen werden nur an die mittleren 2 Reihen angefädelt, der Rand bleibt frei.
Alle Fransen sind 4 Perlen lang.

Tipp

Wer mehrere Armbänder aus anderen Farben fädelt, kann diese immer wieder zu neuen Kombinationen zusammenstellen und hat so immer ein zur Kleidung passendes Set!

Orient-Teppich

Material

Miyuki Delica 11/0:

#602	Christmas red; 6 Gramm
#606	Dark grey-green; 19 Gramm
#604	Golden olive; 20 Gramm

Verschluss: Bandende 24 mm mit Karabinerhaken

Arbeitsweise

Basis

Ein 18 Perlen breites, 17 cm langes, einfaches Peyoteband aus den roten Delica Perlen.

Fransen

Die Fransen werden nur an die mittleren 10 Reihen angefädelt, der Rand bleibt frei. Außerdem bleiben die ersten und letzten 7 Reihen frei, um die Bandenden einkleben zu können.

Es werden im Wechsel 10 Reihen dunkelgrüne, 4 Perlen lange, und 4 Reihen olivgrüne, 7 Perlen lange, Fransen angefädelt.

Streifen in pink

Material

Miyuki Saatperlen 11/0:

#1920	White; 20 Gramm
#022	Pink; 10 Gramm
#209	Fuchsia; 10 Gramm
#222	Lavender; 10 Gramm
#1344	Purple; 10 Gramm
#1924	Lilac; 10 Gramm

Tipp

Die kunterbunte Variante eignet sich hervorragend zum Perlenresteverbrauch - auch verschiedene Perlengrößen sind möglich!

Arbeitsweise

Basis

Ein 16 Perlen breites, zweifaches Peyoteband (siehe Seite 44) aus den weißen Saatperlen.

Fransen

Die Fransen werden in wildem Farbwechsel mit einer Länge von 3 Perlen angefädelt. Jeweils 6 Reihen mit und 6 Reihen ohne Fransen.

Fertigstellung

Das Armband wird zusammengenäht oder ein Verschluss angebracht.

Silbergraue Kette

Material

Miyuki Delica 10/0:
#221 White opal; 8 Gramm
#307 Dark grey; 4 Gramm
Miyuki Delica 11/0:
#307 Dark grey; 12 Gramm
#635 White satin; 12 Gramm
#335 Galvanized silver; 12 Gramm
32 Swarovski Doppelkegel 4 mm, Black diamond
16 Swarovski Doppelkegel 6 mm, Crystal
Schmuckdraht; 2 Quetschperlen; 2 Drahtschützer; Karabinerhaken; Öse

Arbeitsweise

Die Gesamtlänge der Kette mit 15 Quadraten, allen anderen Perlen und dem Verschluss beträgt 50,5 cm.

Basis

Die Basis ist jeweils ein Quadrat in einfachem Peyotestich (8 Perlen breit und 14 Reihen hoch) in passender Farbe aus den 10/0 Delica Perlen.
(Bei Erstellung der Musterstücke gab es noch nicht alle Perlenfarben auch in der Größe 10/0, so dass hier den 11/0 Perlen ähnliche Farben gewählt wurden.)

Fransen

Alle Quadrate werden komplett befranst. Die Fransen aus den 11/0 Delica Perlen sind 3 Perlen lang.

Fertigstellung

Abwechselnd wird dieser Mustersatz auf den Schmuckdraht gefädelt: Kleiner Doppelkegel - großer Doppelkegel - kleiner Doppelkegel - Quadrat mit Fransen. Zum Schluss werden die Drahtschützer mit den Quetschperlen angebracht und der Karabinerhaken mit der Öse montiert.

Bleistift-Topper

Grundsätzliche Arbeitsweise

Das Muster ist abgestimmt auf sechseckige Bleistifte und 11/0 Miyuki Rocailles. Mit anderen Perlen und Stiften muss das Muster unter Umständen angepasst werden.

In der ersten Reihe werden für den Deckel des Toppers drei Perlen aufgenommen und ohne Knoten zur Runde geschlossen.
Für Runde zwei werden immer zwei Perlen zwischen zwei Perlen gefädelt.
In Runde drei werden nun abwechselnd eine und zwei Perlen zwischen die Perlen gefädelt.
Runde vier besteht nur aus einzelnen Perlen.

Ab Runde fünf geht es nicht mehr flach weiter, sondern die Perlen bilden jetzt eine Röhre, da nicht mehr weiter zugenommen wird.
Runde vier und fünf wiederholen sich nun bis zur gewünschten Länge.

Hier sind die Perlen der ersten Reihen mit Zahlen dargestellt:

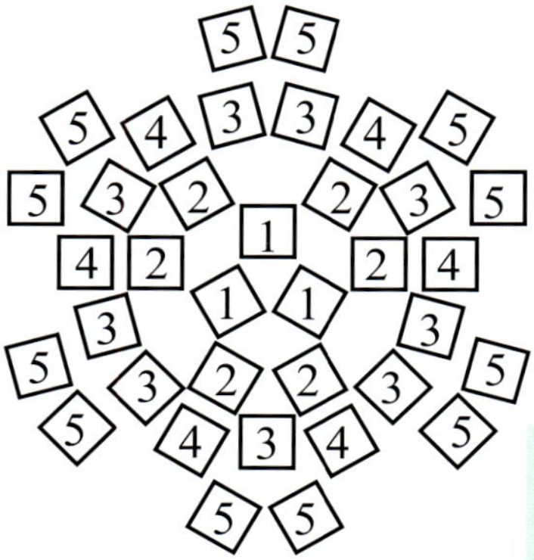

Tipp

Achtung: Die Bleistift-Topper passen nicht auf jeden Stift - also immer zwischendurch die Passform prüfen!

Material

Miyuki Saatperlen 11/0:
#1924 Lilac
#1926 Jade

Arbeitsweise

Basis
Die Basis in Wunschlänge nach der unten stehenden Mustervorlage fädeln (hier 19 Reihen).

Fransen
Der Topper wird komplett umperlt, die Fransen sind alle 6 Perlen lang.

Material und Arbeitsweise „Kürbiskopf"

Miyuki Saatperlen 11/0:
#126 Berry red; #423 Pumpkin orange; #422 Yellow

Basis
Die Basis komplett in rot bis zur gewünschten Länge fädeln (hier 14 Reihen).

Fransen
Jetzt jeweils 2 Reihen Fransen in den Farben rot, gelb und orange anfädeln. Die ersten Fransen sind 5 Perlen lang und verlängern sich mit jeder Reihe um eine Perle.

Kugelkette

Material

6 Holzperlen, 10 mm Durchmesser
Miyuki Saatperlen 11/0:

#136FR	Yellow; 21 Gramm
#148FR	Blue Topaz; 21 Gramm
#146FR	Green; 21 Gramm
#141FR	Berry red; 21 Gramm
#149FR	Dark turquoise; 21 Gramm
#143FR	Lime green; 21 Gramm

Lederband, ca. 2 mm stark

Arbeitsweise

Basis
Die Holzperlen werden wie auf Seite 47 beschrieben umperlt.

Fransen
Alle Fransen sind 6 Perlen lang.

Fertigstellung
Die Perlen werden nacheinander auf das Lederband gefädelt und mit je einem einfachen Knoten an den Enden gesichert.

Tipp

Glänzende Perlen lassen sich einfacher fädeln als matte, denn diese rutschen wegen der rauen Oberfläche nicht so gut.

Anderes Kugeliges

Orangefarbene Kugel als Schlüsselanhänger

Material

1 Holzperlen, 10 mm Durchmesser
Miyuki Saatperlen 11/0:
#138FR Orange; 21 Gramm
Schmuckdraht, 2 Quetschperlen,
2 Hüllenperlen für Quetschperlen

Arbeitsweise

Die Kugel wird wieder wie bei der Kugelkette gefädelt.
Dann eine Quetschperle auf den Schmuckdraht und wieder zurück fädeln, so dass eine große Öse entsteht.
Die Quetschperle schließen.
Wahrscheinlich ist jetzt das Loch der Kugel größer als die Quetschperle. Damit die Kugel nicht vom Draht rutschen kann, wird eine 4 mm große Hüllenperle über der Quetschperle befestigt.
Nun die Kugel auffädeln und wieder eine Quetsch- und eine Hüllenperle befestigen. Zum Schluss den Schmuckdraht kappen.

Schwarze Kugel an Silberkette

Material

1 Holzperlen, 10 mm Durchmesser
Miyuki Saatperlen 11/0:
#401F Black; 21 Gramm
Silberkette

Arbeitsweise

Die Arbeitsweise ist identisch mit den Kugeln der Kugelkette. Das Lederband wurde lediglich durch eine Silberkette ersetzt.

Tipp

Mit dickerem Faden gefädelt, haben die Kugeln mehr „Stand".
Die blaue Kugel wurde mit Nymo O, die braune mit Nymo D gefädelt.

Anleitung für einfaches Peyote mit gerader Perlenanzahl

Die erste Perle wird mit einem einfachen Knoten gesichert, welcher später wieder gelöst wird. Bitte ca. 10 cm Faden übrig lassen; dieser wird später vernäht.
Für ein zehn Perlen breites Band noch neun Perlen auffädeln.

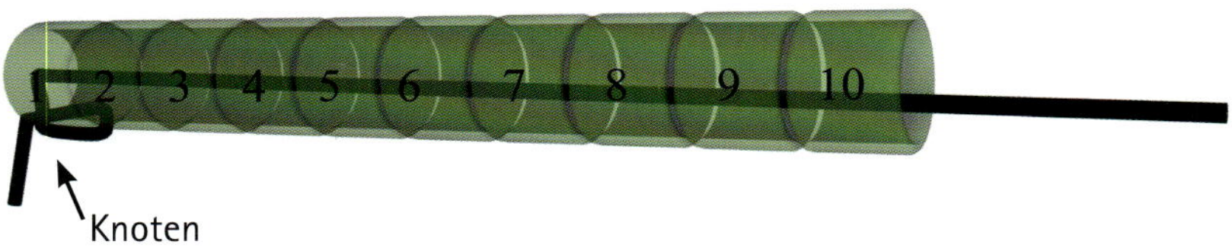

Jetzt beginnt die neue Reihe: Eine Perle wird aufgenommen.

Nun sticht die Nadel durch die vorletzte Perle der ersten Reihe, und die neue Perle kommt über der letzten Perle der ersten Reihe zu liegen.
Die vorletzte Perle der ersten Reihe wird dadurch etwas in ihrer Position nach oben verschoben.

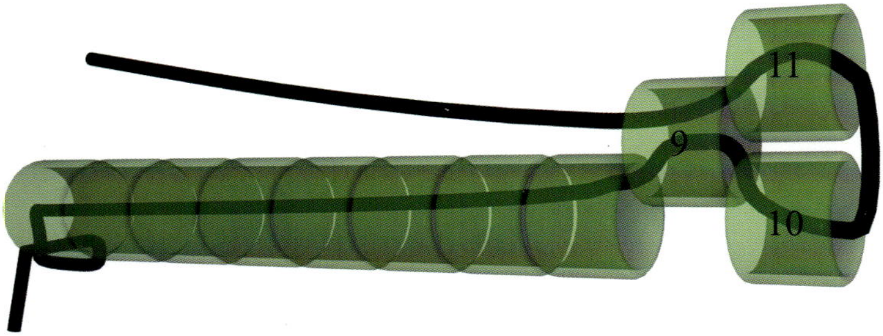

Als nächstes wird wieder eine neue Perle aufgenommen und durch die übernächste Perle der ersten Reihe gefädelt.
Es wird also immer eine Perle aufgenommen und dann mit der Nadel durch die übernächste Perle gestochen.

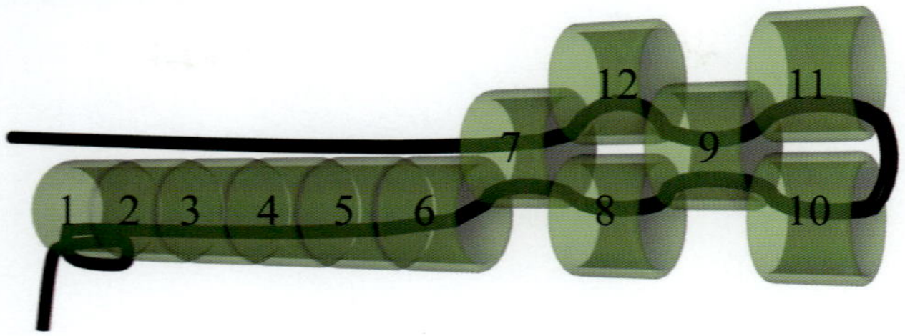

Hier eine Übersicht über die Positionen der ersten 17 Perlen:

Reihen zählen

Die Reihen werden immer schräg gezählt.

Anleitung für zweifaches Peyote mit gerader Perlenpaaranzahl

Es gibt beim zweifachen Peyote eine Besonderheit: Es funktioniert wie hier beschrieben nur mit einer Perlenanzahl, die durch vier teilbar ist. Dies muss schon beim Entwurf berücksichtigt werden.
Die Technik ist ansonsten identisch mit dem einfachen Peyotestich.

Die erste Perle wird mit einem einfachen Knoten gesichert, welcher später wieder gelöst wird. Bitte ca. 10 cm Faden übrig lassen; dieser wird später vernäht.
Für ein zwölf Perlen breites Band noch elf Perlen auffädeln.

Jetzt beginnt die neue Reihe: Zwei Perlen werden aufgenommen.

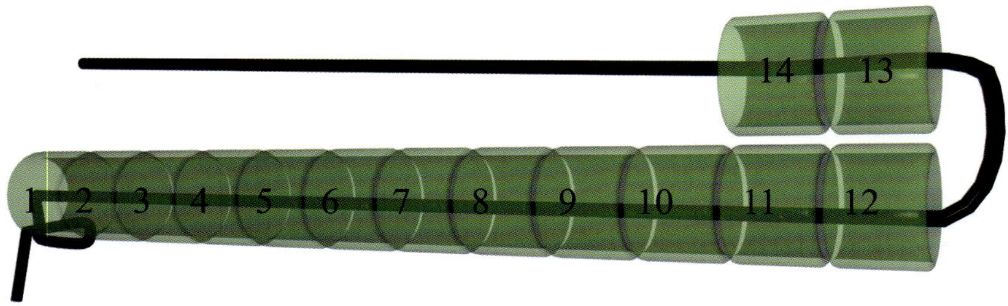

Nun sticht die Nadel durch Perle zehn und neun der ersten Reihe, und die neuen Perlen kommen über den letzten beiden Perlen der ersten Reihe zu liegen.
Die Perlen neun und zehn der ersten Reihe werden dadurch etwas in ihrer Position nach oben verschoben.

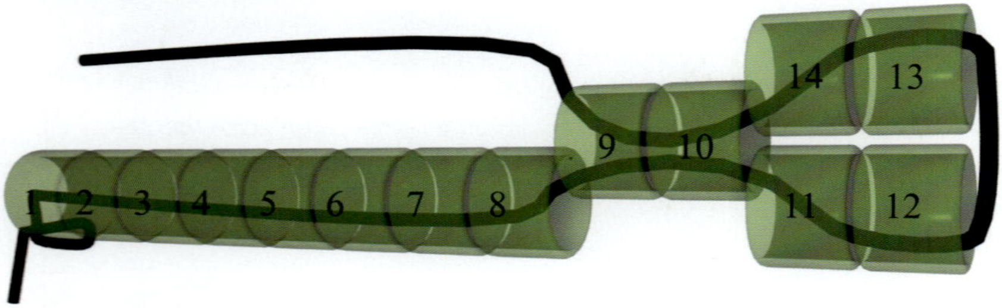

Als nächstes werden wieder zwei neue Perle aufgenommen und es wird durch die Perlen sechs und fünf der ersten Reihe gefädelt.
Es werden also immer zwei Perlen aufgenommen und dann mit der Nadel durch das übernächste Perlenpaar gestochen.

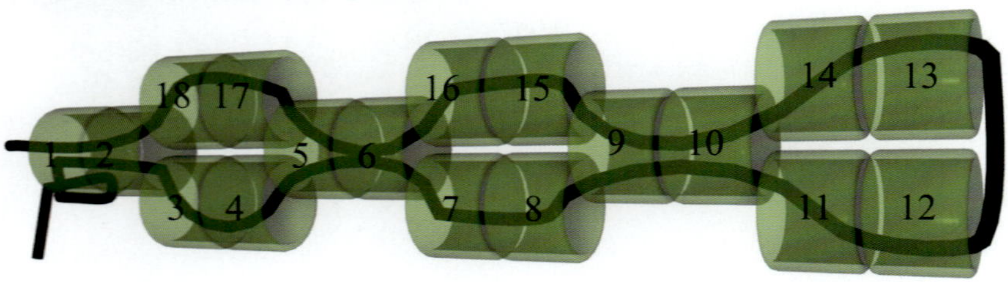

Einen Ring oder ein Armband formen

Bei einer geraden Anzahl von Perlenreihen passen die erste und die letzte Reihe beim einfachen wie auch beim zweifachen Peyotestich wie ein Reißverschluss ineinander und können z.B. zu einem Ring zusammengefügt werden.

Anleitung für Fransen

Die Fransen werden reihenweise angefädelt. Der Arbeitsfaden kommt links aus der Grundperle (die Perle, an der eine Franse angefädelt werden soll) und dann werden so viele Perlen aufgenommen, wie die Franse lang sein soll (hier sechs Perlen).

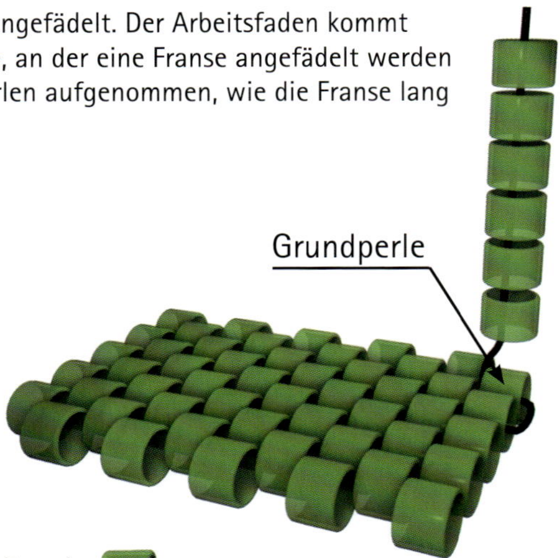

Nun wird die Stoppperle angefädelt und es geht mit dem Arbeitsfaden zurück durch die Fransenperlen.

Vorsicht! Unbedingt aufpassen, dass nicht in den Fransenperlen durch den Faden gestochen wird!

Um die Franse zu befestigen geht es von rechts nach links zurück durch die Grundperle und direkt in die nächste Perle.

Anleitung zum Umperlen von Perlen

Um die Mitte der Holzperle wird ein dünner Streifen doppelseitig klebendes Klebeband geklebt. Es dient dazu, dass die ersten Perlenreihen einigermaßen an ihrem Platz bleiben.

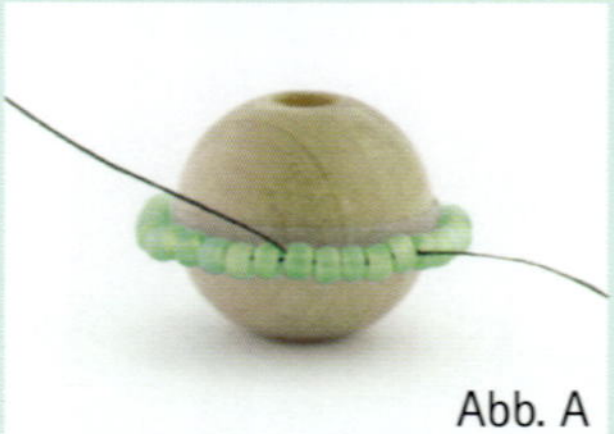
Abb. A

Die Perlen der ersten Reihe werden aufgenommen und zur Runde geschlossen (Abb. A).
Aufgrund des Klebebandes ist hier kein Knoten notwendig. Der Restfaden wird in den ersten Runden festgehalten und später vernäht.

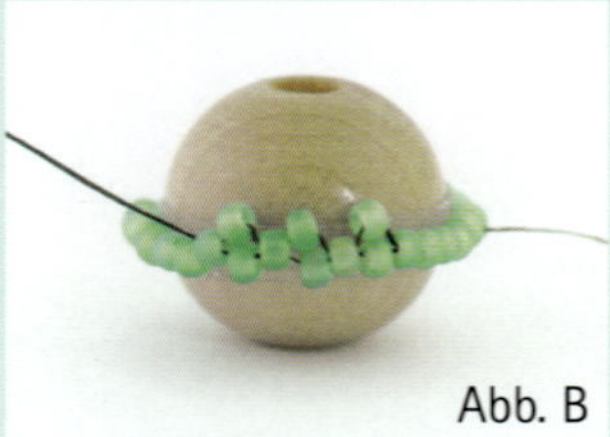
Abb. B

Nun geht es weiter wie beim einfach gearbeiteten Peyote (Abb. B).
Am Ende der ersten Runde kann es passieren, dass statt einer (wie in Abb. C), zwei Perlen aufgefädelt werden müssen. Das ist nicht schlimm.

Abb. C

Sobald der Perlendurchmesser kleiner wird, wird abgenommen.
Hierzu einfach <u>keine</u> Perle zwischen zwei Perlen der Vorreihe fädeln (Abb. D).
In der nächsten Runde werden dann zwei Perlen über die 3er Gruppe gefädelt (Abb. E).
Beendet ist die Abnahme in der nächsten Runde, indem über die zwei Perlen nur noch eine Perle gefädelt wird (Abb. F).

Abb. D

Die Abnahmen erfolgen intuitiv und nicht nach einem Muster, denn ein sehr gleichmäßiges Arbeiten ist hier nicht nötig (Abb. G), da die umperlte Perle ja noch mit Fransen versehen wird und diese später alles verdecken.

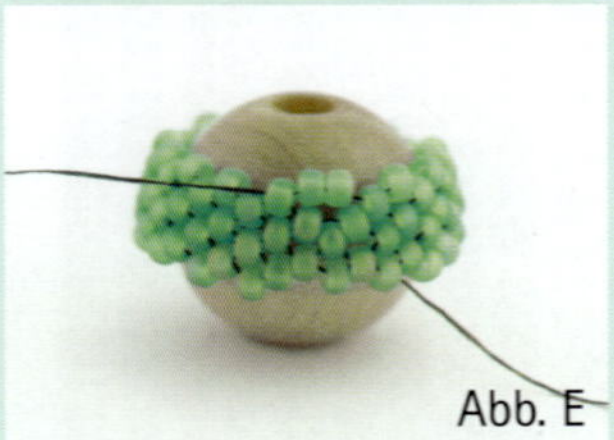
Abb. E

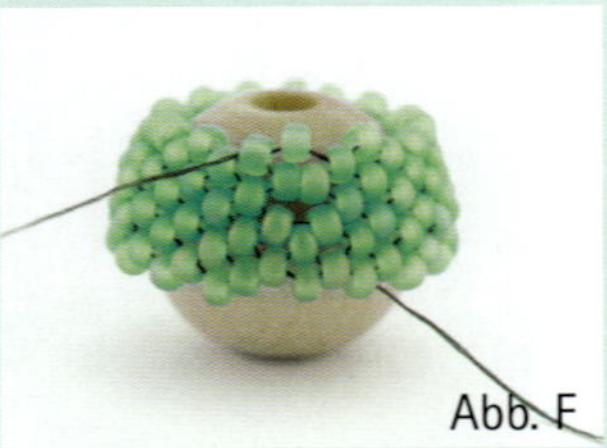
Abb. F

Abb. G

Fädelmuster

Grüne Raupe von Seite 08

Farbe	Nr.	Fransenlängen
Light Kelly Green	#274	8
Light Mint Satin	#828	8
Crisp Green Apple	#1206	6
Emerald Green	#767	6
Kelly Green	#046	4
Kelly Green	#046	4
Emerald Green	#767	6
Crisp Green Apple	#1206	6
Light Mint Satin	#828	8
Light Kelly Green	#274	8

Kupferquader von Seite 10

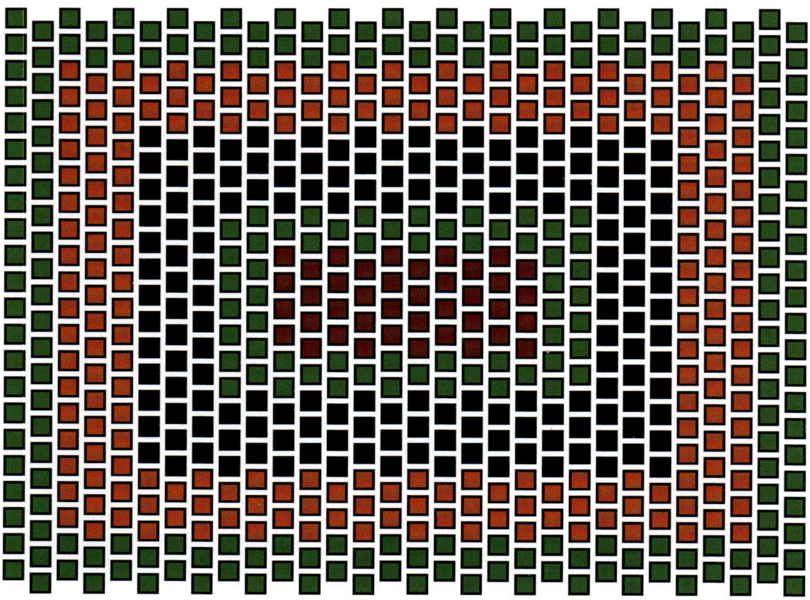

Seeanemone von Seite 12

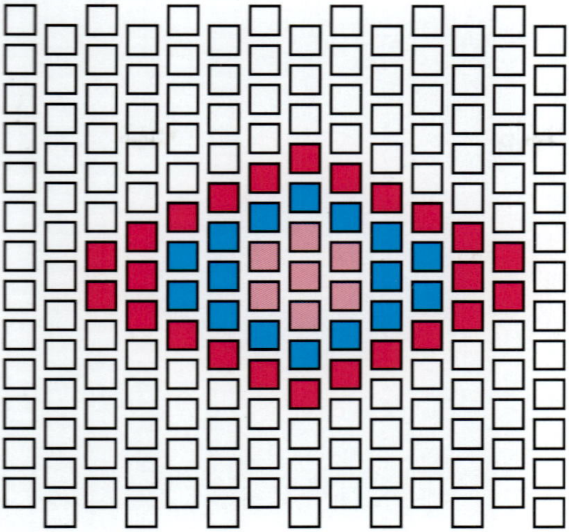

Blaue Zacken von Seite 14

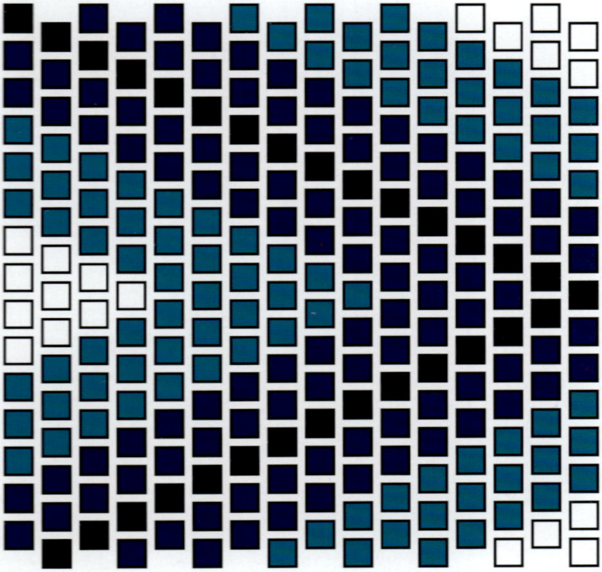

Kunterbunte Tupfen von Seite 16

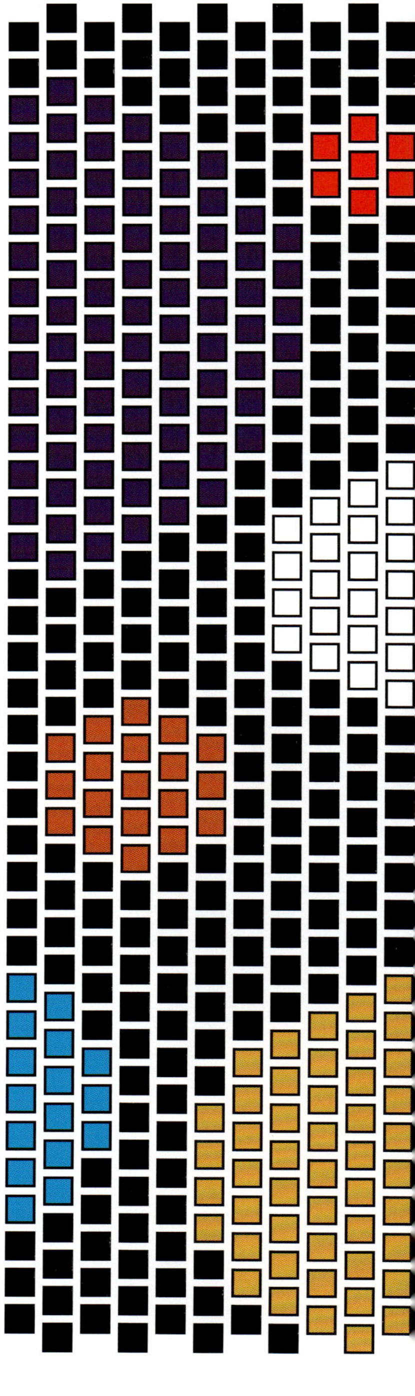

Schlicht & Elegant von Seite 20

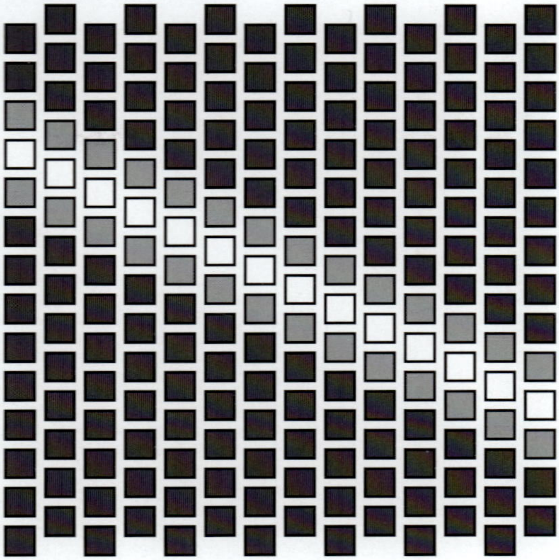

Flippige Blümchen von Seite 22

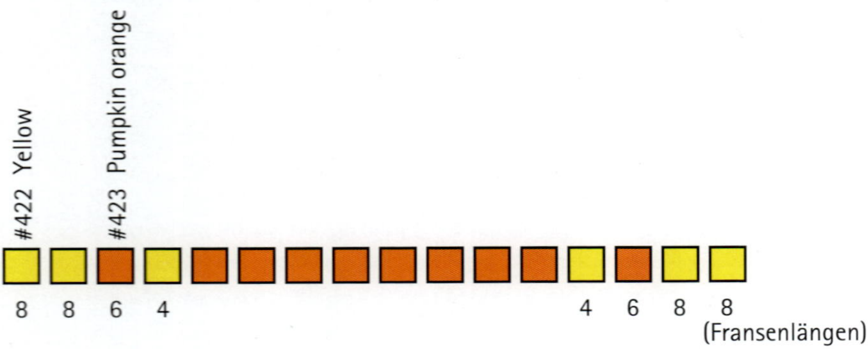

Tigerkatze von Seite 18

Fortsetzung auf nächster Seite

Weitere Titel des Verlags

„Glasperlenketten häkeln - Das Musterbuch"

Wer einmal die Technik des Glasperlenketten häkelns beherrscht, ist immer auf der Suche nach neuen Mustern und genau dafür ist dieses Buch eine wahre Fundgrube, denn es enthält über 90 verschiedene Muster zum Nachhäkeln.
Jede der 112 Ketten wird auf einer der 42 Fotogalerieseiten präsentiert und das dazugehörige Muster kann schnell und einfach im Musterteil gefunden werden.
Das Buch ist durchgehend farbig bebildert, hat das Format 20x20 cm und 80 Seiten.

ISBN-13: 978-3-9809698-6-4
17,95 EUR

„Perlen aus Perlen"

Die Grundtechnik ist einfach und schnell erklärt:
Aus kleinen, rechteckigen Perlenflächen werden Röhren geformt und wie bei einem Reißverschluss zusammengenäht. Aus diesen Röhren werden viele, verschiedene Schmuckstücke gefertigt. Sieben Sets mit insgesamt 21 Schmuckstücken.
Das Buch ist zweisprachig: deutsch/englisch und durchgehend farbig bebildert.
Format DIN A5, 56 Seiten.

ISBN-13: 978-3-9809698-4-0
8,95 EUR

Sowie viele andere Titel.
Erhältlich im Bastelladen, Buchhandel oder bei

www.Creanon.de